LETTRE

D'UN

COLON SÉRIEUX

DE LA MITIDJA

A UN AMI DE FRANCE

Réponse à M. Emile de Girardin.

Typographie Arnavon

LETTRE

D'UN

COLON SÉRIEUX

de la Mitidja

A UN AMI DE FRANCE

RÉPONSE A M. ÉMILE DE GIRARDIN

BLIDAH

IMPRIMERIE-LIBRAIRIE DE P. ARNAVON, ÉDITEUR.

Rue Bab-el-Sebt.

1863

ÉTUDE SUR L'AVENIR DE L'ALGÉRIE.

LETTRE

D'UN COLON SÉRIEUX DE LA MITIDJA

à un Ami de France.

AVANT-PROPOS.

C'est à la suite de l'émotion peu fondée causée par la lettre incomprise de S. M. l'Empereur Napoléon III, que ce travail a été commencé. L'article de la *Presse* du 31 mars, qui conseillait l'abandon de l'Algérie, est venu surexciter en moi le désir de me rendre utile à mes concitoyens, en joignant mes faibles efforts à ceux des écrivains distingués qui se sont dévoués à la cause de ce beau pays, dont l'avenir a été préconisé par l'Empereur lui-même dans son discours de Bordeaux.

Les idées que j'émets peuvent être le sujet d'une controverse ; mais, à coup sûr, elles partent d'un cœur sincèrement dévoué à sa nouvelle patrie et convaincu de la grandeur des destinées qui lui sont réservées.

Abandonner l'Algérie parce qu'elle coûte cher ! remettre ses destinées entre les mains d'un Arabe ! —Arabe de génie, protecteur des Chrétiens, c'est vrai, mais toujours Arabe au fond, et, de plus, apôtre du Coran, — ce n'est rien moins qu'un infanticide conseillé à notre noble patrie, un crime, par conséquent, et le crime le plus coupable de tous, peut-être.

Les joies de la paternité sont toujours anxieuses, accompagnées de soucis de tout genre; en un mot, précédées, accompagnées et suivies de sacrifices.

Trouvez donc un père, une mère, dignes de ce nom, qui consentent à abandonner leur enfant, parce que la grossesse est pénible, l'enfantement douloureux ; parce que les mois de nourrice, et plus tard, la pension au collége, leur mangent une partie de leur revenu?...

M. Emile de Girardin n'a point vu l'Algérie ; il n'a point vu ses colons à l'œuvre. — Il n'est pas étonnant que, voyant par les yeux d'autrui, il se soit trompé. — Mais je ne doute pas qu'il ne revînt d'un jugement peut-être précipité, s'il avait la volonté de parcourir notre beau pays.

———————

Blidah, le 6 avril 1863.

I.

Mon cher ami,

Pour entreprendre de démontrer que le sort de la France est attaché à celui de l'Algérie, il faut non seulement être croyant, être soutenu par l'idée d'un devoir à accomplir, mais encore avoir du temps de reste. Tu sais que je suis sous les verroux !

Ce n'est pas faire injure à la France que de lui dire qu'insouciante et légère, elle s'engoue facilement et manque souvent de patience à l'instant où elle allait recueillir le fruit de ses peines et de ses sacrifices.

Aujourd'hui je crains que le Mexique ne vienne nous disputer la première place dans l'affection de la France, ou ne vienne absorber ses ressources ; que la France veuille chasser deux lièvres à la fois. C'est pourquoi j'écris.

En outre ma lettre, qui te prouvera que ce n'est point à la légère que je persiste à rester en Afrique, malgré tous les déboires que j'y éprouve, sera l'étude que je t'ai promise sur ce pays. Faire d'une pierre deux coups n'est jamais maladroit, ce n'est point chasser deux lièvres.

Je serai d'ailleurs soutenu, encouragé dans ce travail par l'attention que me prêtent mes auditeurs ordinaires, le soulagement qu'ils paraissent éprouver, la résignation en quelque sorte pieuse, malheureusement momentanée, avec laquelle ils semblent accepter leur misères.

Ce n'est pas étonnant ; je leur parle toujours de la France, de sa grandeur future.

Dans mes hypothèses à perte de vue le rôle de notre patrie est si grand que le présent s'efface et disparaît en quelque sorte devant l'imagination éblouie et satisfaite.

Il n'est même pas jusqu'à nos Arabes qui ne me prêtent l'oreille et ne s'en aillent charmés du rôle que je leur assigne.

J'ai entendu l'un deux répéter au café maure la comparaison que j'ai faite quelquefois à ceux que j'emploie, quand, prenant du sable dans une main, enfonçant un bâton dans la chaux fondue, je leur fais voir que, mélangés, ces deux élémens constituent le mortier qui est si solide : ils comprennent parfaitement ; ils se rendent compte qu'ils sont comme le sable, sans consistance aucune. Inutile d'appuyer ; tu as compris.

Quelle que soit donc mon insuffisance, je vais essayer de reproduire le plus clairement possible les raisons avec lesquelles j'ai soutenu et ranimé bien des fois le courage abattu de nos colons découragés, en leur faisant envisager la grandeur de notre rôle.

Pour être écrits, mes arguments en auront-ils moins de force ?

Je regrette de ne pouvoir les infuser dans la tête d'un homme de talent, je suis convaincu qu'il opérerait des prodiges sur les imaginations enthousiastes.

Dieu, leur dis-je, a conduit la France en Afrique ; il veut que nous y restions.

Nous avons de grands desseins à y réaliser, desseins que nous seuls, Français, sommes aptes à faire réussir.

Le vaste continent africain, but des recherches des savants voyageurs, est encore à peu près inconnu. Inabordable, inconquérable avant les chemins de fer, la vapeur et l'électricité, habité par les races les plus étranges, les plus réfractaires à la civilisation, dépourvu de voies fluviales navigables, il ne pouvait être entamé avec succès que par la nation possédant au plus haut degré le don de la sociabilité, les facultés assimilatrices, et qui fut en même temps, dénuée des préjugés de caste et de couleur, tolérante, généreuse, enthousiaste.

Cette terre, depuis longtemps déshéritée de civilisation, sera un jour, s'il faut en croire la théorie écrite dans les entrailles du globe, le dernier refuge de la race humaine grandie de tout ce qu'elle aura acquis, appris, — complètement transformée au moral et peut être au physique ; — c'est en Afrique que l'humanité dira son dernier mot.

Pour conquérir ce continent et les races qui l'habitent, pour l'amener à l'état de civilisation, non seulement il faut toutes les ressources de la science actuelle, mais il faut encore une race spéciale à l'épreuve du climat, apte à comprendre et appliquer les ressources de la science sous la surveillance et la direction éclairée de professeurs énergiques, une race nouvelle qui soit l'avant-garde de la France.

Sur cette vaste terre il y a place et large place pour notre race, véritable aristocratie qui, en portant avec elle les bienfaits de la science, de la paix, vivra largement, richement, des loisirs les plus noblement conquis par la civilisation portée, répandue chez des nations de race inférieure qu'elle élèvera de plusieurs degrés dans l'échelle morale.

Que de places d'ingénieurs, de mécaniciens, d'architectes, de médecins, d'instituteurs moraux !

Que de grandes et belles entreprises productives au-delà de toute imagination !

Oh oui ! c'est là que doit se développer la France ! Elle peut s'y fondre toute entière si elle comprend le beau rôle que lui a tracé la Providence et si elle ne s'en écarte pas.

Il y a longtemps que je t'ai dit, mon cher ami, que, dans ma pensée, nous étions ici, nous autres colons, la semence ou les ancêtres de ce grand peuple, avant-garde de la France — peuple qui se formera par l'alliance des races françaises, crême de la race caucasique avec la race sémitique si rebelle à tout changement, à toute transformation ; c'est pourquoi, mon cher ami, entraîné par suite de nos discordes civiles hors de la carrière militaire que j'avais choisie par pauvreté, pour pouvoir apprendre, je me suis fixé ici sans esprit de retour. Je suis venu m'implanter sur ce magnifique pied-àterre, sur cette admirable base d'opération pour la conquête, située en face et à trente-six heures des côtes de France — parce qu'ici c'est encore la France et que partout ailleurs j'aurai rencontré des Anglais. Eh puis, tu le sais, de tout temps cette terre a exercé sur moi une espèce d'attraction — le prestige de l'inconnu, de l'infini !

Sur cette vieille terre des Pharaons et des Atlantes, on peut rêver sans fin — tout comme lorsque l'imagination se plonge dans l'examen des lois qui régissent les nébuleuses, ces nations de soleils ! ou lorsqu'elle sonde les lois mystérieuses de notre organisme.

II.

Mais avant de continuer, mon cher ami, permets-moi de répéter une observation bien connue ; elle justifiera la marche de mon discours ; ce ne sera pas sans utilité.

Pour juger de l'ensemble d'un vaste édifice il faut s'en tenir à une distance telle, quelle permette d'en embrasser les proportions ; suivant qu'on s'en éloigne ou qu'on s'en approche, on se perd dans les détails qui vous aveuglent, ou l'on se confond en admiration devant la beauté grandiose du plan primitif et l'on s'incline pieusement devant le génie de l'architecte. En histoire c'est la même chose.

Pour reconnaître le plan d'ensemble de la Providence, il faut au moins nous reporter à la naissance des sociétés actuelles et chercher la loi qui les conduit. — Si l'on remonte plus haut encore, à la naissance de l'humanité, on reste confondu, humilié devant l'éternel Créateur de toutes choses. — Mais on se relève alors plein de foi, de dévouement — le cœur plein d'espérance — heureux d'avoir senti la main de Dieu — heureux de le servir et de l'adorer en s'inclinant sous sa loi. que nous connaissons, que nous devons pratiquer.

La conquête entière, absolue de la terre par la race humaine, c'est à-dire, la nature soumise complètement à l'homme et déployant toutes ses forces uniquement pour la satisfaction de ses besoins, pour son agrément.... telle est la première loi de Dieu pour l'humanité.

La race caucasique doit faire pénétrer la civilisation, porter la vérité, la connaissance de Dieu, l'esprit de philosophie chrétienne en tous lieux, sur tous les points du globe.

L'Afrique doit contribuer pour sa part aux progrès de

l'humanité et devenir enfin accessible aux races européennes, ces missionnaires de la civilisation et du progrès.

Oui, mon ami, la conquête entière de la terre, c'est-à-dire sa surface entièrement utilisée, convertie en véritable jardin partout où faire se pourra ; — toutes ses forces productives tournées vers la satisfaction du bien-être de l'homme, de l'homme amené progressivement à la connaissance et à l'amour du vrai Dieu créateur de toutes choses, telle est la mission, le devoir de l'humanité sur la terre — faire que de tous les points de notre globe parte incessamment un cantique de grâce, de reconnaissance vis-à-vis de l'Éternel; que ce cantique d'amour et d'espérance en se levant, d'actions de grâces au milieu du jour, de remercîments et de respectueuse confiance en se couchant, *soit incessant!* Que, comme le soleil ne cesse d'avoir au même instant sur notre terre son lever, son midi, son coucher, de même ce cantique d'actions de grâce ne cesse de s'élever et de monter de la créature vers le Tout Puissant !

III.

L'Être suprême ne nous fait point de dons définitifs, tout ce que nous avons n'est que prêts, — *prêts* qui acquièrent de la durée, se perpétuent dans les enfants, deviennent pour ainsi dire des dons — *dons* qui se multiplient, grandissent au fur et à mesure que les créatures les répandent et les propagent.

Une bougie dont on communique la flamme à un grand nombre ne cesse pas d'avoir le même éclat par elle-même; — toutes ensemble finissent par éblouir.

L'humanité doit faire sentir son action sur tous les points de la terre : — c'est pourquoi tout repos égoïste est coupable ; il est suivi de mort. Qui cesse de grandir court vers la tombe.

Mais les voies de Dieu sont infinies !.... il faut donc pour voir grandir nos destinées s'efforcer d'obéir à ses lois au fur et à mesure qu'elles se découvrent à nos yeux par l'étude de l'ensemble de la nature.

La vérité *ne périt point* : elle est éternelle.

Aimez-vous les uns les autres est la loi suprême, la plus haute expression de la vérité.

L'amour du prochain, la charité ordonnent impérieusement de propager la connaissance de Dieu. — Ceux qui, favorisés par l'Éternel, possèdent la vérité, ou une portion de la vérité, en quelque genre que ce soit, doivent s'efforcer de la répandre.

C'est un devoir pour les sociétés plus encore que pour les individualités ; — personne ne doit vivre en égoïste.

La connaissance du vrai Dieu créateur de toutes choses doit être mise à la portée de tous en se conformant à sa loi : *Aimez-vous les uns les autres*, qui implique ÉGALITÉ, LIBERTÉ. Les leçons du passé démontrent que c'est l'inobservance de ces règles divines, qui a fait rejeter les vieilles humanités qui nous ont précédé.

Une seule LOI *méconnue* a causé leur mort.

IV.

En modelant l'humanité sur l'organisation du corps humain, les sociétés anté-diluviennes avaient fait preuve de la plus profonde sagesse ; et il faut bien reconnaître, mon cher ami, qu'elles étaient arrivées au sommet des connaissances humaines.

Bien des siècles s'écouleront avant que nous connaissions tous les secrets que Dieu leur avait permis d'acquérir.

Quelle profonde science des mouvements des astres avaient CEUX *qui* se *servaient pour année* de la PÉRIODE LUNI-SOLAIRE DE SIX CENTS ANS dont parle l'historien Josephe suivant Buffon, CEUX *qui* ont dressé la *formule inconnue*, incompréhensible à ceux qui s'en servent, à l'aide de laquelle les Brahmes, depuis si longtemps, calculent les éclipses. Oui ! *ceux-là étaient prodigieusement* SAVANTS qui ont inventé tous les arts, trouvé le fer, créé le blé ; qui ont pu élever des monuments qui nous étonnent encore par leurs dimensions gigantesques ; qui savaient embaumer les corps pour l'éternité ! *Qu'ils étaient* SAGES ces hommes qui, à la mort, soumettaient chacun au jugement de tous, les rois comme les particuliers.

Oui, tout cela est vrai; mais dans l'orgueil de leur immense savoir ils avaient méconnu la loi de circulation du sang qui renferme en elle les lois secondaires d'élection et d'élimination. Ils n'avaient point tenu compte que chacune des parties de notre corps ne se nourrit, ne s'entretient point elle-même, — qu'aucune n'est immuable, bien que, en apparence, elle soit toujours la même.

Le cerveau n'engendre pas le cerveau. Tout part de l'estomac, c'est-à-dire de la naissance ; et chaque digestion, on pourrait dire chaque génération, renferme en elle-même les éléments propres à toutes les parties de l'organisme jetés pêle-mêle dans le torrent de la circulation.

Dans un corps en bonne santé, dans une société bien organisée, chacun de ces éléments trouve la place qui lui convient. — Il n'y a encombrement nulle part, mais force et vigueur.

La masse du sang, dans son flux et son reflux, portant des parties vivifiantes et ramenant les parties usées, inutiles, parcourt incessamment et successivement toutes les parties du corps en allant des moins nobles aux plus élevées..., en se subtilisant de plus en plus ; — chacune des parties du corps s'assimilant ce qui lui est propre, rejetant ce qui ne vaut plus rien. — C'est donc le principe électif appuyé par le choix, secondé par le principe de *l'élimination* qui entretient la force, la vigueur, la santé du corps humain, qui le conserve, et *le corps social doit appliquer ces lois pour être dans le* VRAI.

Donc en constituant leurs sociétés par castes et par castes infranchissables, chacune d'elles remplissant à jamais les fonctions d'une partie de notre corps, — en faisant tout dépendre du hasard de la naissance, *ils avaient* PÉCHÉ. En conservant pour la classe supérieure seule la connaissance du vrai Dieu, toutes les hautes connaissances amassées à l'aide des sueurs des classes inférieures laissées dans l'opprobre de la superstition, ils avaient manqué à Dieu ! méconnu *le pourquoi de l'homme jeté sur la terre, de l'homme* SEMENCE *des* PURS ESPRITS. Ils laissaient dans le néant bien des germes qui auraient fleuri si la carrière eût été ouverte.....

Le principe héréditaire est funeste sans contredit quand il ne s'appuie pas sur le principe de la réélection. — Il faut que l'organisme social, comme l'organisme humain, puisse rejeter une partie usée, devenue inactive, incapable de remplir ses fonctions, sans quoi il est bien près de s'arrêter. Il faut que les parties usées puissent venir se retremper dans le grand courant..., qu'elles soient forcées de s'y rajeunir, comme le sang qui circule sans cesse vient se retremper dans son passage dans les poumons, dont chaque aspiration est pour ainsi dire la représentation de ce qui doit être la période élective dans le corps social.

C'est pour avoir gardé la vérité entre leurs mains au lieu de la répandre, que les vieilles et antiques races des Atlantes, des Égyptiens ne sont plus.....

Le monde antédiluvien ayant fait son temps, achevé sa mission, c'est-à-dire, créé l'homme intelligent, capable de connaître Dieu, l'aimer et le servir, a manqué à sa mission en réservant cette connaissance pour l'infiniment petit nombre, à qui appartenait tout pouvoir, toute jouissance, tandis que l'immense majorité était maintenue dans la servitude et l'oppression, oubliée ou méconnue — Dieu voulant le principe d'égalité entre les êtres de même nature qui, intelligents, doivent se gouverner intelligemment; — ce monde disparut dans le grand cataclysme où s'engloutit l'Atlantide !... Quelques débris survécurent, les Guanches, que les Portugais ont détruit sans recueillir les trésors de leurs connaissances.

Leurs colonies, l'Egypte et l'Inde, chargées par l'Éternel de transmettre à la nouvelle humanité le meilleur de leurs connaissances ; l'Egypte a vécu; l'Inde est encore devant nous pétrifiée dans une immobilité séculaire semblable à la mort, inconcevable pour nous qui sommes en plein mouvement, mouvement qui s'arrêterait si nous manquions à notre mission.

V.

C'est en ce moment, mon cher, c'est-à-dire au moment de la naissance d'une nouvelle humanité, qu'il faut admirer la sagesse de Dieu, la profondeur de ses desseins, la sagacité, si je puis dire, de ses combinaisons.

Les athées pourront dire le hasard; —mais parce que Dieu, qui a le temps pour lui, se sert de moyens connus, ordinaires, point surnaturels pour en arriver à ses fins, en serait-il moins *la toute-puissance?*

Qui sait le reconnaître ne l'en admire que d'avantage. Mais enfin, si, avec une profonde justesse, on compare l'humanité au corps de l'homme, de l'homme fait à l'image de Dieu, c'est-à-dire *matière* et *intelligence....* on est bien forcé de reconnaître, de constater que la vie de l'homme est double : la vie physique ou matérielle, — la vie morale ou intellectuelle.

Il faut que le corps soit organisé avant qu'il perçoive la moindre sensation...

Il commence à penser quand il commence à pourvoir en partie à ses besoins.

Il ne jouit pleinement de lui-même, c'est-à-dire, il ne se connaît, il n'arrive à la connaissance du vrai Dieu, que lorsque, *adulte*, il peut satisfaire amplement à ses besoins.

Eh bien! ami, admire avec moi.

Pour sauver les connaissances morales les plus difficiles à acquérir, — celles qui avaient exigé des milliers de siècles pour être formulées en lois indéniables, — que fait Dieu?

Il prend un Arabe, un homme de cette race sémitique qui une fois marquée d'un cachet, en garde éternellement l'empreinte! Il prend, c'est-à-dire il choisit un enfant d'Abraham et de Jacob — et, par la famille de Pharaon, il le fait élever dans toute la science des Egyptiens.

Parvenu, méprisé comme un intrus par ses savants collègues de la catégorie suprême, Moïse, naturellement ambitieux, fut le premier grand révolutionnaire.

Conspirateur, songeant à se créer un parti parmi ses frères, c'est-à-dire des armes pour renverser les théocrates qui l'humiliaient, il fut obligé de s'enfuir.... Pendant quarante ans l'homme qui possédait toute la science, tout le savoir de l'humanité — produit de milliers de générations, vécut dans le désert courbé devant la Majesté Divine!

Et, comme pour justifier le dogme du péché originel, cet homme, ce suprême agent de Dieu, ce privilégié entre tous, persista dans l'erreur des vieilles sociétés. — Les temps n'étaient point arrivés!

Il commit encore la faute d'organiser la société qu'il créait en dehors des vrais principes, en attribuant à son frère Aaron, à sa tribu, les fonctions sacerdotales qui, plus que toutes autres, doivent être l'apanage des plus dignes, que l'élection seule peut reconnaître et distinguer....

La loi morale était sauvée néanmoins.

C'est par un autre moyen que Dieu préserva des sciences et des arts ce qui était indispensable à la vie de la nouvelle humanité!

A la suite du grand cataclysme qui anéantit la presque totalité du genre humain, vit dessécher le Sahara, surgir l'Europe moderne du sein des eaux, les terres nouvelles se peuplèrent d'une race nouvelle née des familles des hommes énergiques échappés miraculeusement au désastre général. *Marins intelligents*, réfugiés sur les montagnes du Caucase formant îlot. — Ces échappés au désastre devaient être des mieux doués sous le rapport physique, mais peu savants, car les castes supérieures voyageaient rarement pour ne pas dire jamais....

Jetés ignorants sur une terre ingrate et sauvage, ceux de

ces hommes à qui le Nord échut en partage, préoccupés du soin de vivre, devinrent de vraies bêtes féroces, intelligentes, mais rapaces et cruelles, à l'esprit aiguisé par la nécessité.

Des échappés ou des proscrits de la colonie égyptienne, considérés comme des Dieux, vinrent leur apporter les moyens de vivre: le blé, l'olivier, puis les éléments des arts et de la science.

Grâce à la configuratiou du sol de la Grèce qui ne permettait point une conquête définitive ; grâce à l'énergie individuelle, au courage de populations amoureuses de leur indépendance, la science et les arts devinrent bientôt l'apanage de tous et grandirent rapidement.

Les commerçants égyptiens, ignorants eux-mêmes du vrai Dieu inconnu à leur caste, avaient apporté de l'Egypte de ridicules superstitions adoptées par les Grecs, sauvages ignorants, parce que ces superstitions étaient accompagnées des bienfaits de la civilisation.

Au monde grec insociable, orgueilleux de son savoir, inhabile à l'assimilation, ayant fait son temps, succéda le monde romain, mieux doué à cet égard.

L'humanité, réunie sous une même domination, supérieure à tout ce qui avait existé, prit corps ; les arts avaient atteint leur degré le plus élevé... Mais, semblable à un jeune homme fougueux, vaguement instruit de ses devoirs et que la raison n'a point touché, qui se laisse conséquemment dominer par la fougue de ses sens et l'ardeur de sa jeunesse, et qui, sans souci de l'avenir, tout entier au présent, se laisse emporter par le torrent des passions et se livre aux plaisirs les plus effrénés — telle était la société à cette époque.

La vieille civilisation égyptienne disparaissait insensiblement devant la conquête !.... Le monde romain, en possession de lui-même, allait se mourant dans les débauches des saturnales !

Tout semble perdu !

Mais à cet instant marqué de toute éternité, surgit la bonne nouvelle : la connaissance du vrai Dieu créateur du ciel et de la terre ; LA LOI DE CHARITÉ, *complément de la loi de Moïse était annoncée aux hommes.*

Les hommes étaient ÉGAUX *devant* DIEU.

VI.

Ce n'était plus les vagues et fugitives notions des Socrate

et des Platon — ce n'étaient plus les aspirations du Démosthènes romain ! — C'était le lever du soleil moral, dont la loi juive était l'aurore....

C'était un soleil resplandissant venant illuminer le monde, l'éclairer, le guider dans sa marche en avant.

Dieu s'était dévoilé aux hommes !

Trop oublieux, peut-être, dans sa divine sublimité des choses de la terre, des besoins de la matière à laquelle notre âme est liée,— le Christ nous sortit, pour ainsi dire, de notre nature.

D'un bond il nous fit monter au sommet de l'échelle !

Si je puis continuer ma comparaison avec le corps humain, c'est le jeune homme ayant la science du bien et du mal, voyant la raison, c'est-à-dire, s'enivrant d'amour pur, éthéré, vivant dans les nuages du ciel et non sur cette terre, sur laquelle, s'il vit, le ramènent bientôt nos besoins terrestres, les nécessités physiques.

De même la religion chrétienne, toute spiritualiste, toute d'aspiration vers l'idéal, en prenant pour base absolue le complet renoncement aux biens de ce monde, faisait faire un pas trop grand à l'humanité, — un effort trop puissant.

Il devait y avoir réaction même parmi les races aptes à le comprendre ! à plus forte raison devait-il être inaccessible à certains peuples barbares, arriérés et fiers d'eux-mêmes.

Mahomet parut. — C'était la réaction matérialiste faite homme ; — mais c'était une réaction matérialiste épurée par l'obligation de la prière et de la charité — par le dogme de l'unité de Dieu reconnu et proclamé !

Plus encore ! par la polygamie, grand pas fait vers la fusion des races, vers leur égalité civile et politique.

Je demande bien pardon à certains qui me liront, à Dieu, si ce que je vais dire peut ébranler des croyances sincères sans les raffermir;—qu'on me le pardonne, car si je m'égare, je crois parler suivant la loi de vérité.

Le Christ, parole de Dieu faite homme, le Christ était trop Dieu, voyait trop la perfection idéale. le point final où le temps, seul pouvait nous conduire et peut nous amener.... Ses apôtres se ressentaient trop de leur origine juive.... Moïse qui connaissait la puissance qu'exercent les femmes sur les idées, sur les sentiments des hommes, avait interdit toute alliance avec les filles étrangères, et cependant, à moins d'être tout-à-fait chrétien philosophe ou polygame, il n'y a pas sympathie entre les races de différentes couleurs.

Education, fraternité et fusion des races par la polygamie, tel était la résultante de Mahomet.

Aujourd'hui il a fait son temps.

Mais une nation seule pouvait reprendre ou continuer l'œuvre de Dieu!... La révolution de 89 a redonné l'élan au spiritualisme!...

Aujourd'hui, dirai-je le christianisme épuré? — aujourd'hui le christianisme éclairé, tolérant, je dois dire français, en reprenant l'œuvre du Christ *doit la compléter*, la mettre en pratique par une savante organisation sociale....

Il doit faire de l'éclectisme social,... ne point oublier qu'il tient la tête du véritable progrès,... prendre partout ce qu'il y a de bon et le mettre en pratique, sous le divin précepte du divin maître :

« Aimez-vous les uns les autres... »

Le christianisme *seul* n'amènerait jamais la fusion des races !

Que tous les cultes soient donc admis sous la protection des deux grands apôtres Socrate et Béranger. L'athée seul, plaint, abandonné à lui-même !

Les vrais chrétiens et les mahométans spiritualistes seront monogames, — la société les honorera; — les mahométans et les chrétiens matérialistes seront polygames, *plutôt qu'adultères*; —ils seront tolérés; —mais tous vivant ensemble, tous reconnaissant et adorant un seul Dieu;—tous charitables, obéissants à la parole de Dieu fait homme : Aimez-vous, secourez-vous les uns les autres, — et *le monde marchera dans ses fins, sublime harmonie dans la* diversité *infinie formant l'*unité *!...*

Montrer Dieu récompensant chacun selon ses œuvres, ce qui fera disparaître le principe de fatalité, c'est tout ce qu'il faut pour réagir sur l'islamisme, progrès immense, je le répète, accompli par les races rebelles à la civilisation, progrès plus grand, relativement, que ne l'a été le christianisme pour les peuples de Socrate et de Cicéron.

Inspirez aux mahométans le respect des droits du faible, donnez leur, en le respectant, le sentiment de la dignité humaine, faites-en des citoyens et non des esclaves, et vous verrez des prodiges inouis !...

La France seule peut accomplir ce miracle et démontrer que les véritables esclaves des hommes sont les végétaux, les animaux, les éléments ; car les hommes sont toujours largement récompensés des soins qu'ils leur donnent....

Marchant sur les traces du divin Maître; sachant qu'on n'enchaîne pas les intelligences et que tout chez elles doit être volontaire, spontané ; sachant que c'est un crime aux yeux de Dieu de tenir courbés par la crainte ou l'intérêt, des êtres créés libres, car c'est infailliblement les pervertir ; de sauvages, de barbares, elle fera des citoyens, comme le Christ a converti en apôtres et en martyrs des esclaves et des illettrés !...

Dieu la secondera dans cette voie.

VII.

Nous voici donc arrivés au moment de constater cette mission de la France, ce qui est le véritable objet de cette lettre.

Répétons-nous, pour bien asseoir nos idées.

Civiliser tous les peuples, les conquérir au spiritualisme, s'ouvrir le plus vaste champ d'activité en répandant, sur toute la surface de la terre, ses médecins, ses maîtres d'école, je veux dire de morale, ses apôtres tolérants ;

Semer partout la *liberté* en imposant *par la force*, où besoin sera, le respect de la liberté de chacun d'aller et de venir, de commercer; — le respect de la liberté de conscience ;

Telle est la noble destinée de la France !....

En cherchant à l'atteindre elle enseignera encore à tirer parti des ressources du sol ; — ses ingénieurs changeront le cours de bien des fleuves qui iront fertiliser les déserts.... Elle conquerra la terre en la civilisant..., en s'enrichissant, en progressant elle-même.

Les races inférieures, les déshérités de la mère-patrie, trouveront leur emploi dans ces travaux préliminaires de la conquête absolue de la surface habitable de notre petit globe.

VIII.

Un coup d'œil jeté sur tous les peuples de l'Europe nous fait voir le Grec, l'Anglais, le Hongrois, l'Allemand, l'Espagnol, le Polonais, le Slave, même l'Italien — tous avoir un caractère tranché, absolu!... — ils restent toujours ce qu'ils sont.

La France, champ de bataille du genre humain, a vu toutes

les races envahir son sol tour-à-tour, se le disputer avec acharnement.

Tous les peuples, sauf l'Indou et le Chinois, sont venus y laisser une portion plus ou moins grande de leur essence propre.

Aussi par cette raison, le Français a-t-il, plus qu'aucun autre, des points de contact avec les autres peuples. — Il se les incorpore, se les assimile facilement.

Le Breton et l'Alsacien, le Flamand et le Basque, le Provençal lui-même, tous si divers, sont Français aujourd'hui; et, pour dire vrai, l'Europe en ce moment se transforme et devient française par les idées, la langue et les institutions.

Il fallait bien une race ainsi préparée pour qu'il pût y avoir fusion possible, entre une nation chrétienne et la race sémitique, si réfractaire à toute innovation.

Mais admire, admirons, veux-je dire, mon cher ami, la profondeur des desseins de Dieu — que de moyens cachés et comme tout sert à ses fins !...

Jalousée par les autres nations, ses sœurs, en raison même de sa force d'expansion,.... surveillée dans ses moindres mouvements par sa mortelle ennemie l'Angleterre, jamais la France n'aurait pu prendre pied en Afrique et s'y installer d'une façon définitive sans le secours des évènements.

Plus encore ! Elle n'a pu y prendre pied qu'au moment marqué, c'est-à-dire lorsque, régénérée par son immortelle révolution, elle avait perdu tout préjugé de caste et de couleur, lorsqu'elle était devenue tolérante.

Que l'on veuille bien méditer quelque peu sur les tentatives qui ont précédé 1830, et se demander pourquoi toutes avaient échoué ?

Charles-Quint, Louis XIV, étaient cependant de fiers hommes, disposant de ressources très grandes.

L'Espagne intolérante, insociable encore aujourd'hui, a été repoussée par une tempête !

Louis XIV n'a fait qu'essayer, il ne fallait pas qu'un grand désastre nous dégoutât pour l'avenir.

Comme je l'ai dit, la France n'était pas mûre. Les préjugés de caste n'avaient point disparu; — une noblesse orgueilleuse, un clergé intolérant, auraient mis obstacle à son expansion réelle sur le sol Africain, — expansion du reste impossible avant ce jour, et sous le règne honteux de Louis XV nous en aurions été chassés.

Bonaparte est allé en Egypte,... mais était-ce l'Afrique qu'il allait chercher ? Etait-ce la conquête de ce vaste conti- nant, son séjour rendu possible à la race latine, qui doit y parfaire, y cimenter son union sous la direction de la France? — Non, c'était l'Asie qu'il voulait conquérir;... c'é- tait l'empire d'Alexandre doublé de celui de Tamerlan qu'il rêvait ! Aussi il a échoué. D'ailleurs, pour achever et com- plèter son organisation démocratique la France avait besoin du génie de son Empereur.

Enfin 1830 sonne : la vapeur était découverte, nous connaissions les puits artésiens. Le moment était arrivé.

Ce nid de pirates, redouté par l'Europe, tombe devant de véritables conscrits, soldats inexpérimentés, conduits, il est vrai, par de vieux généraux de l'Empire.

Reconnaissons donc que Dieu veut que l'Afrique devienne française, car notre nation y prend pied d'une façon durable lorsque par les chemins de fer, la vapeur et l'électricité les distances disparaissent ; lorsque la conquête du désert est devenue possible et n'est plus qu'une œuvre de temps.

Dieu le veut, car il écarte tous les dangers de cette entre- prise, favorise tout ce qui peut l'accélérer.

La Restauration, alliée à la Russie, allait avoir la guerre avec l'Angleterre; — l'Algérie nous eût été ravie ! 1830 éclate !

Le roi Louis Philippe, sage temporisateur, habitue l'Eu- rope, même l'Angleterre, à nous y voir, à nous y tolérer ; il y forme cette admirable armée qui devait venger nos désastres mais, empêché par l'esprit mesquin des chambres de mettre à exécution le projet si sérieux du maréchal Bugeaud, au- jourd'hui si facilement réalisable, — le seul vraiment gran- diose qui ait été conçu, le seul au bout duquel soit la réussite —le gouvernement de juillet est empêché !— 1848 surprend tout le monde.

La République jette en Afrique cinquante millons, douze mille ouvriers parisiens, les transportés politiques; mais ce gouvernement, mal assis sur sa base, contraire encore à no- tre esprit national, ne pouvait continuer cette œuvre sérieuse et difficile qui exige un pouvoir fort et durable. Dieu le rem- place par son élu, par l'homme qui, véritable héritier du grand roi Louis-Philippe et de notre révolution, ayant pour destinée de réaliser les plans de Henri-le-Grand, va créer, organiser un nouvel ordre de choses en Europe, en y faisant reconnaître l'égalité des nations sur terre et sur mer — c'est-à-dire en appliquant aux nationalités la maxime d'égalité dans le droit, devant la loi, consentie par tous.

O divine et heureuse France ! esprit immortel !

Toi par qui Dieu crée sa dernière œuvre sur cette terre ... *la femme !!* Toi patrie des Geneviève et des Jeanne d'Arc ; ne permets pas à tes fils d'oublier qu'il leur sera beaucoup demandé parce qu'il leur a été beaucoup confié !

IX.

En définitive, et pour résumer en quelques lignes cette longue lettre, je dis : sur le sol de l'Algérie naît un peuple enfant de la France.

Peuple appelé aux plus hautes destinées, car il va vivre sur cette vieille terre des Atlantes et des Egyptiens, — en y apportant, en y propageant ce qu'elle n'a jamais connu : le respect du droit et de la légalité.

On verra dans quelques siècles si j'ai dit vrai — notre postérité prononcera entre le grand Jonathan fils de l'Angleterre, et l'enfant naissant de la nation chevaleresque par excellence.

Nous sommes sur la terre des prodiges; ne l'oublions pas !...

Nos soldats sont devenus les premiers soldats du monde !

Nos généraux ont donné le *nec plus ultrà* de la science militaire contre la barbarie — l'Ordre Isly.

Pourquoi donc l'Algérie ne se distinguerait-elle pas également dans l'ordre civique en créant la plus savante organisation sociale dont les premiers rudiments sont jetés?

Quelles merveilles écloront lorsque sera définitivement implanté sur son sol, cette divine maxime : Aimez-vous les uns les autres!

La révolution de 89 a semblé ouvrir les voies au despotisme, en laissant les individus isolés au milieu

de la nation, en abandonnant l'homme à lui-même —
en détruisant, sans rien mettre à la place, toutes les corpo-
rations, toutes les associations où il pouvait trouver un asile
ou un appui. — Il faut le temps pour réédifier !

L'association communale agricole où chacun puisera suivant ce qu'il y aura mis, où il sera certain de toujours trouver aide et protection, doit combler le vide, être la base fon-
damentale du nouvel édifice social qui doit embrasser le
monde.

Le fils de la France, encore embryon, aura acquis une vitalité propre, pourra être abandonné à lui-même, ne plus
rien coûter à la mère-patrie dès que sera créée son épine
dorsale, c'est-à-dire, le chemin de fer parallèle à la mer,
allant de Tlemcen à Constantine, devant se prolonger avec
le temps de Tunis à Mogador.

A ce peuple dans l'enfance il ne faut point imposer l'organisation de la vieille société française. — Il faut lui laisser
quelqu'initiative propre.

C'est un royaume arabe ; l'Empereur l'a sagement dit....
Mais c'est un royaume arabe greffé par l'esprit français, né
de ce dernier.

De l'alliance de ces nouvelles races se fondant sous le ré-
gime tutélaire de la démocratie et de la liberté, qui peut pré-
voir la valeur du mélange que déjà l'illustre Malakoff a qua-
lifié de bronze ?

Mais en attendant, et avant tout, pour qu'il marche vers sa
vitalité propre, il lui faut *tout de suite* la liberté communale
par l'élection des conseils municipaux....

Le plutôt possible un conseil algérien élu.

Il faut que chaque village agricole, dès que la majorité de
sa population demandera sa constitution en commune, s'en-
gageant à en remplir les conditions, c'est-à-dire *école et administration*, soit abandonné à lui-même, sans pour cela

perdre ses droits à l'aide de l'Etat pour ses travaux publics; sous la condition d'aide-toi le ciel t'aidera — c'est-à dire de restitution des sommes avancées.

Il faut en Algérie une administration, une justice simplifiée — lui laisser la liberté de jeter à la mer tous les paperassiers légistes, sangsues de la société qui lui tirent le meilleur de son sang.

Ce ne sont point les avocats, les bureaucrates qui ont conquis l'Algérie ; — ce ne sont point les avocats, les bureaucrates qui la feront progresser; — ils la tueraient plutôt, si on les laissait faire.

Il faut à l'Algérie, à ce peuple appelé à lutter souvent,... sinon par les armes, du moins contre les difficultés de la nature, — il faut un chef suprême voulant le bien, exigeant qu'il soit fait par ses subordonnés peu nombreux, *largement rétribués*, ayant une grande initiative propre.

Des militaires plutôt que tous autres.

L'esprit militaire est préférable quand il a devant lui pour limiter son action, si elle est contraire aux lois, si elle est par trop despotique, une certaine force représentée par l'élection....

Les militaires sont toujours jeunes, vigoureux, pleins d'ardeur.

Les bureaucrates moisissent dans leurs bureaux.

A chacun suivant ses besoins.

Blidah, le 6 avril 1863.

APERÇU

SUR LES MOYENS DE RÉALISER SANS FRAIS

LE

PLAN DE COLONISATION

DU MARÉCHAL BUGEAUD, DUC D'ISLY.

1.

Pour réputer une idée comme vraie, il faut qu'elle ne cesse d'être avantageuse, de quelque côté qu'on l'envisage, qu'elle soit en outre simple, d'une exécution facile, que personne, en en sondant les conséquences, puisse dire où elle s'arrêtera. — L'infini est un des priviléges de la vérité.

Que l'idée ci-après soit pesée.

Prendre sur l'effectif de l'Algérie et tenir en congé, dans *les villages agricoles*, trois à quatre mille hommes ayant de 10 à 15 ans de service, et choisis, autant que possible, parmi les *rengagés avec prime*, serait une mesure sans danger avec le Maréchal Malakoff pour gouverneur; elle serait féconde, marquerait l'ère de la rénovation de notre colonie.

II.

Les vieux soldats rengagés, les vétérans, sont, non sans raison, un objet de frayeur pour les libéraux, qui redoutent pour nos futures institutions constitutionnelles le règne des Prétoriens.

La classe de ces vieux soldats est, en général, fournie, alimentée, par les déshérités de la société, des ouvriers, quelques paysans appelés sous les drapeaux par le sort, ou autrement qui, jeunes, sont entraînés d'abord par les séductions de la vie militaire, puis, arrivés à un certain âge, lorsque l'avancement a fait défaut, y sont retenus par la difficulté de reprendre les habitudes de la vie civile, si tourmentée par la concurrence, de trouver ou de se créer les moyens de vivre d'une vie paisible et assurée.

Issus de l'armée, ces hommes sains, robustes, élevés militairement, élite de la France moderne, seraient très-propres par leurs habitudes de commandement et d'obéissance, par l'espèce de paresse active inhérente au métier de soldat, à former une sorte d'aristocratie, la classe supérieure, non-seulement en Algérie, mais *dans toutes nos nouvelles colonies.*

Tous ces vétérans sont riches de la prime de leur rengagement...

II.

Les rengagés avec prime, nuisibles en France, à un certain point de vue, surtout s'ils venaient à former la majorité de l'armée, limités par la loi, seraient pour le surplus envoyés dans les colonies où ils trouveraient une large place dans les corps indigènes, dans les régiments français formant les corps d'occupation.

Ils fourniraient le moyen tant cherché de résoudre le problème de la colonisation de l'Algérie, en adoptant les mesures ci-après.

Régiments européens. = Corps d'occupation.

1. — Accorder très-facilement des congés sans solde aux hommes ayant plus de dix ans de service — quelle que soit la durée de temps qu'il leur reste à faire. — En détachant fréquemment et à tour de rôle les compagnies dans les villages — les séjours dans chacun étant de courte durée.

2. — Prolonger la durée de ces congés à ceux qui emploiraient en acquisition d'immeubles — (immeubles inaliénables pendant un certain temps) — le montant de leur prime de rengagement qui leur serait délivrée pour faire ces acquisitions.

3. — Verser dans la réserve ceux qui se marieraient; — ils en obtiendraient facilement la permission ; — ceux qui auraient des enfants ne pourraient plus être appelés qu'au service de *la milice mobile, à laquelle ils ajouteraient une singulière valeur.*

La France réclame de bons colons vivant sur le sol et aptes à le défendre — est-ce un moyen d'en avoir rapidement et des meilleurs ?

La solde de ces hommes en congé, économie réelle, augmenterait la dotation des travaux publics ; vivant de leur travail, ce seraient de nouvelles valeurs de créées.

En admettant qu'un 1|5 d'entre eux se marie chaque année, — les femmes ne manquent plus en Afrique, — ce serait douze cent mille francs qui se fixeraient avec eux dans la colonie, et, en quelques années, ils auraient mis l'Algérie au niveau de bien des Etats.

L'esprit militaire, l'esprit de corps survit longtemps ; chaque commune verrait pour ainsi dire se former dans son sein une famille qu'unirait une certaine solidarité.

Corps indigènes.

Je me borne à raisonner pour l'Algérie, quoique ce que je propose puisse s'appliquer partout avec avantage.

Multiplier les corps indigènes, recrutés surtout de jeunes hommes, pour les amener plus aisément à nos mœurs.

Répartir ces corps, les tenir en garnison sur tous les points stratégiques de la frontière et du sud, — voire même dans les oasis, — partout où il serait opportun de créer des centres de population, dont les premiers éléments sortiraient de ces corps eux-mêmes.

Aussitôt que les sous officiers, caporaux ou soldats *rengagés à prime, incorporés dans les corps indigènes, auraient acquis une certaine connaissance de la langue et des mœurs des indigènes,* ils obtiendraient, sur leur demande, qu'il leur soit accordé dans les conditions énumérées pour les corps européens, des congés pour s'établir sur les lieux même ou dans un rayon restreint.

Ces congédiés puiseraient dans l'esprit de fraternité qui anime les militaires, un appui moral et *matériel* par le secours des bras en temps opportun.

Ils serviraient de *moniteurs intéressés* aux indigènes allant travailler pour eux, ce qu'on devrait accorder facilement, car il est juste que les hommes, s'établissant sur les points exposés aux chances défavorables, jouissent d'avantages plus grands que ceux installés au milieu des centres européens.

Ils ne cesseraient pas de servir leur pays étant en congé, puisqu'il importe de faire de ces corps, *non des troupes aguerries,* mais *des écoles pour les indigènes,* en prenant le mot école dans son sens le plus étendu.

Ces corps indigènes pourraient encore être recrutés par

mi les nègres du Soudan, dont on ferait des travailleurs libres aussitôt leur éducation terminée. — Détachés dans les nouvelles oasis avec nos sous-officiers congédiés, ce serait la souche d'excellents travailleurs pour le Sahara, — une excellente avant-garde pour la conquête du Soudan.

La valeur de notre effectif ne serait point diminuée par les congés accordés en Afrique, comme en Cochinchine ou ailleurs, ce serait bien plus que des soldats instruits, dont on pourrait toujours disposer dans une certaine limite ; ce serait *d'excellents cadres pour la milice* en cas de nécessité — ce serait des *soldats, revêtus de l'esprit du citoyen défendant leurs foyers!*

L'Algérie gagnerait, sans contredire, les éléments de la meilleure des populations. La France ne tarderait guère à en récolter les plus magnifiques résultats. — Quel débouché pour le trop plein de notre population !

A qui de droit, si l'idée est trouvée praticable, comme je pense qu'elle l'est, le soin de la formuler en règles pratiques.

Vue sur la Pisciculture maritime.

Pour que l'homme atteigne la perfection de son être au moral et au physique, il faut que tous les règnes de la nature contribuent à son alimentation. La chair des poissons est aussi nécéssaire que les viandes d'animaux.

Pénétré de cette vérité, on peut dire que le devoir, l'obligation de la pratique en grand de la pisciculture incombe particulièrement aux races civilisées mettant le pied sur les rivages de l'Afrique, l'intérieur de celle-ci manquant de poisson.

Le poisson — récolte de la mer, augmentée dans une proportion inconnue, indéfinie, par des soins intelligents, faisant vivre une nombreuse population maritime, — ira s'échanger contre les dattes et les autres produits du Sahara.

Les côtes de l'Afrique, hérissées de rochers, d'écueils à fleur d'eau, sont éminemment propres à l'établissement des bassins particuliers nécéssaires à l'éclosion et à l'élevage des espèces à propager; les anciennes carrières romaines fourniraient des points tout préparés.

Le résultat désiré serait celui-ci :

Restreindre la propagation des espèces qui vivent aux dépens des autres, — espèces qui, dans notre empire maritime jouent le même rôle que les loups et les renards sur la terre ;

Multiplier les bonnes espèces, celles qui vivent aux dépens des insectes, ou des mousses et autres végétaux de la mer.

DES VOIES ET MOYENS.

Dans ce but, *à l'époque du frai*, ordonner :

1° La pêche par groupe d'un nombre à fixer de bateaux que suivrait une barque installée convenablement.

Autoriser à ce moment l'emploi de toute espèces de filets, de tous les moyens imaginables pourvu que le poisson soit pris vivant.

2° La séparation du poisson, par catégorie, au fur et à mesure qu'ils seraient retirés du filet.

La première catégorie celle des *bons à propager* seraient remis aux agens à ce destinés qui récolteraient le frai, opéreraient la fécondation, rejetteraient les individus à la mer et transporteraient les œufs fécondés aux points désignés.

Toutes les espèces nuisibles, prises en plus grande quantité au moment de leur propagation ne tarderaient pas à diminuer.

Réunir les pêcheurs pour leur expliquer le résultat à atteindre, les engager à se former en corporation, leur faire nommer une commission ou syndicat chargé de désigner de classer les poissons en catégories de nommer les deux ou trois jeunes pêcheurs qui iraient, aux frais de l'État, apprendre les procédés de pisciculture --- de jeter les bases de leur association de secours mutuels.

Les veuves des pêcheurs péris par accident, les pêcheurs infirmes ou trop vieux pour aller à la mer, seraient chargés, moyennant traitements fournis par la corporation, en guise de secours ou de pension de retraite, de la surveillance, de la gare des bassins où auraient été logés les œufs fécondés, de les nourrir avec le produit des équarrissages, des débris des abattoirs et des marchés, des poissons gâtés, etc., qui recevraient cette destination spéciale.

L'avenir pourra certainement féconder cette idée qui grandira au fur et à mesure qu'elle sera pratiquée.

10 avril 1863.

CONCLUSION.

L'homme doit se rattacher à un centre, faire partie d'un corps, pour exercer une action durable: isolé, il est sans force; le plus souvent son idée périt avec lui.

Dans le corps humain, tout part de l'*estomac*; les vaisseaux aspiratoires, les racines nourricières puisant, au passage du chyle, les éléments propres à la vie!

Les autres organes ont chacun leur influence propre, mais elle n'est que secondaire.

Donc, dans le corps social, tout doit partir des communes agricoles, productrices des aliments.

Que nul ne puisse rien être dans la société, s'il n'appartient, s'il n'a été élu à une dgnité par ses concitoyens de sa commune agricole, — lieu natal ou adoptif, — et avant cent ans la terre ne sera plus reconnaissable.

Dieu l'aura bénie !

Un Colon.

20 mai 1863.